ぐんぐん
日本語

군군일본어
쓰기연습

JN442930

あ행

あ	あ							
あ	あ							
い	い							
い	い							
う	う							
う	う							
え	え							
え	え							
お	お							
お	お							

- あ의 ○부분은 튀어나오도록 한다.
- い의 ○부분은 왼쪽보다 항상 짧게 쓴다.
- え의 ○부분이 한자 之처럼 되지 않도록 주의한다.
- お의 왼쪽 ○부분은 한 획에 써야 하며, 오른쪽 ○부분은 위치에 주의한다.

か행

[ka]

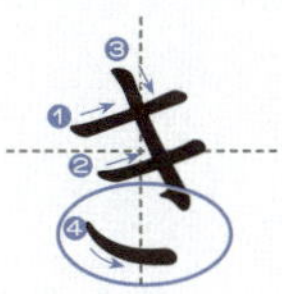

[ki]

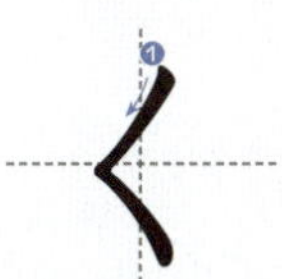

[ku]

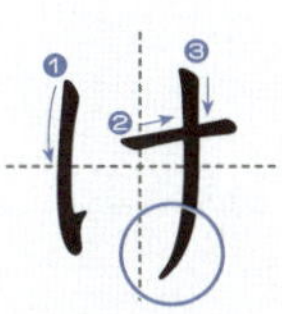

[ke]

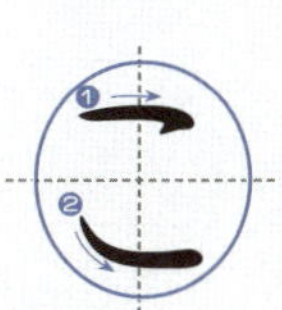

[ko]

か	か							
か	か							
き	き							
き	き							
く	く							
く	く							
け	け							
け	け							
こ	こ							
こ	こ							

- か의 ○부분은 점이 아니므로 점 찍지 않으며 선으로 그어야 한다.
- き의 ○부분은 3획과 4획을 한 획처럼 이어서 쓰지 않고 따로 띄어 쓴다.
- け의 ○부분은 내려갈 때 왼쪽으로 부드럽게 휘도록 한다.
- こ의 ○부분은 ⊂⊃가 되지 않도록 한다.

さ행

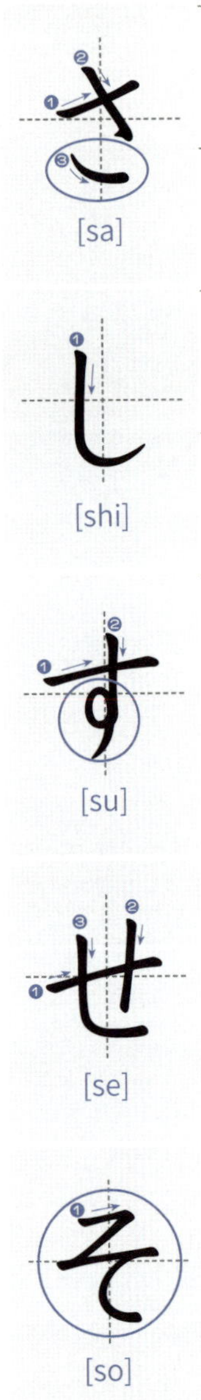

さ	さ							
さ	さ							
し	し							
し	し							
す	す							
す	す							
せ	せ							
せ	せ							
そ	そ							
そ	そ							

- さ의 ○부분은 2획과 3획을 한 획처럼 이어서 쓰지 않고 따로 띄어 쓴다.
- す의 ○부분은 모양이 **す**처럼 되지 않도록 한다.
- そ는 전체적인 균형을 잡기가 힘든 글자이므로 모양을 잘 보고 써야 한다.

た행

발음	글자	따라 쓰기							
た [ta]	た	た							
	た	た							
ち [chi]	ち	ち							
	ち	ち							
つ [tsu]	つ	つ							
	つ	つ							
て [te]	て	て							
	て	て							
と [to]	と	と							
	と	と							

- た의 ○부분은 위치를 너무 높게 잡지 않도록 한다.
- ち의 ○부분은 한 획이므로 さ처럼 띄어 쓰지 않도록 주의한다.
- と의 ○부분은 위에서 수직으로 내려오는 것이 아니라 왼쪽에서 오른쪽으로 약간 비스듬히 내려오게 쓰는 것이 좋다.

な행

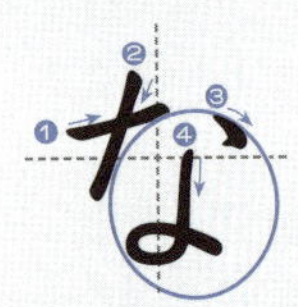 [na]	な	な							
	な	な							
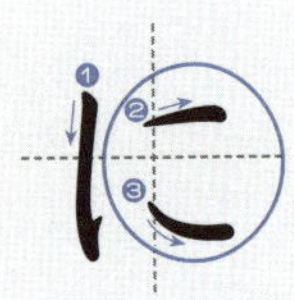 [ni]	に	に							
	に	に							
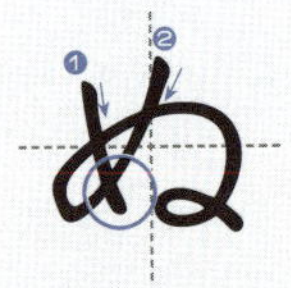 [nu]	ぬ	ぬ							
	ぬ	ぬ							
 [ne]	ね	ね							
	ね	ね							
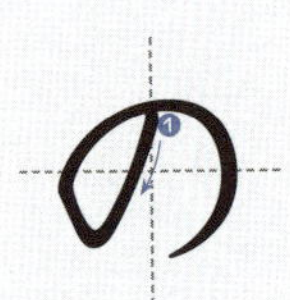 [no]	の	の							
	の	の							

- な의 ○부분은 이어서 쓰지 않고 각각 구분된 한 획으로 쓰도록 한다.
- に의 ○부분은 二처럼 평행선이 되지 않도록 한다.
- ぬ의 ○부분은 교차되도록 써야 하며 め와 혼동하지 않도록 한다.
- ね는 전체적인 균형을 잡기 힘든 글자 중 하나이며 れ와 혼동하지 않도록 한다.

は행

は [ha]	は	は							
	は	は							
ひ [hi]	ひ	ひ							
	ひ	ひ							
ふ [hu]	ふ	ふ							
	ふ	ふ							
へ [he]	へ	へ							
	へ	へ							
ほ [ho]	ほ	ほ							
	ほ	ほ							

- は는 ほ와 비슷하므로 쓸 때 조심해야 한다.
- ひ는 ○부분의 방향이 서로 다르므로 쓸 때 조심해야 한다.
- ふ의 ○부분은 이어서 쓰지 않고 각각 구분된 한 획으로 쓰도록 한다.
- ほ의 ○부분은 선이 위로 튀어나오지 않도록 한다.

ま행

ま [ma]	ま	ま							
	ま	ま							
み [mi]	み	み							
	み	み							
む [mu]	む	む							
	む	む							
め [me]	め	め							
	め	め							
も [mo]	も	も							
	も	も							

- み의 ◯부분의 간격을 너무 좁게 잡지 않도록 한다.
- む의 ◯부분은 위치에 주의한다.
- め의 ◯부분은 교차되도록 써야 하며 ぬ와 혼동하지 않도록 한다.
- も를 쓸 때에는 가로획인 2획과 3획을 먼저 쓰는 것이 아니라 세로획인 1획을 먼저 쓴다는 점에 주의한다.

や행

[ya]

[yu]

[yo]

や	や							
や	や							
ゆ	ゆ							
ゆ	ゆ							
よ	よ							
よ	よ							

- や의 ◯부분은 점을 찍는 위치에 주의한다.
- ゆ의 ◯부분은 직선으로 내려 긋지 않도록 한다.
- よ는 균형을 잡기 힘든 글자이며 특히 동그랗게 만드는 부분의 균형을 잘 잡도록 한다.

ら행

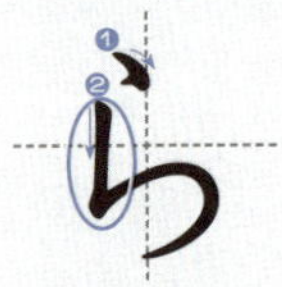

[ra]

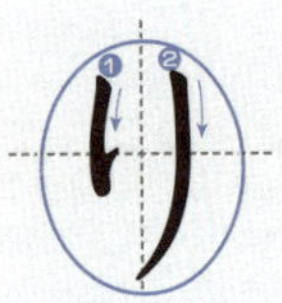

[ri]

[ru]

[re]

[ro]

ら	ら							
ら	ら							
り	り							
り	り							
る	る							
る	る							
れ	れ							
れ	れ							
ろ	ろ							
ろ	ろ							

- ら의 ○부분은 위에서 내려올 때 거의 수직에 가깝도록 하고 오른쪽으로 동그랗게 굴릴 때 세로획과의 각도를 유의하여야 한다.
- り는 왼쪽을 짧게, 오른쪽을 길게 써야 하며 い와 비슷하게 쓰면 안 된다.
- る의 ○부분을 쓸 때는 튀어나오지 않도록 해야 하며 ろ와 혼동하지 않도록 한다.
- れ의 ○부분을 わ처럼 너무 동그랗게 굴리지 않도록 주의해야 하며 ね나 わ로 혼동하지 않도록 한다.
- ろ는 숫자 3처럼 쓰지 않도록 한다.

わ행

[wa]

[o]

[n]

わ	わ							
わ	わ							
を	を							
を	を							
ん	ん							
ん	ん							

- わ의 ○부분은 부드럽게 굴리도록 한다.
- を의 ○부분은 위에서 밑으로 내려올 때 수직으로 내려오지 않고 약간 왼쪽으로 비스듬히 내려오도록 쓴다.
- ん은 알파벳 h처럼 쓰지 않도록 한다.

が행

が [ga]	が	が							
	が	が							
ぎ [gi]	ぎ	ぎ							
	ぎ	ぎ							
ぐ [gu]	ぐ	ぐ							
	ぐ	ぐ							
げ [ge]	げ	げ							
	げ	げ							
ご [go]	ご	ご							
	ご	ご							

• 탁음을 찍는 위치에 주의해야 한다.

ざ행

ざ [za]	ざ	ざ							
	ざ	ざ							
じ [ji]	じ	じ							
	じ	じ							
ず [zu]	ず	ず							
	ず	ず							
ぜ [ze]	ぜ	ぜ							
	ぜ	ぜ							
ぞ [zo]	ぞ	ぞ							
	ぞ	ぞ							

だ행

だ [da]	だ	だ
	だ	だ
ぢ [ji]	ぢ	ぢ
	ぢ	ぢ
づ [zu]	づ	づ
	づ	づ
で [de]	で	で
	で	で
ど [do]	ど	ど
	ど	ど

ば행

ば [ba]	ば	ば							
	ば	ば							
び [bi]	び	び							
	び	び							
ぶ [bu]	ぶ	ぶ							
	ぶ	ぶ							
べ [be]	べ	べ							
	べ	べ							
ぼ [bo]	ぼ	ぼ							
	ぼ	ぼ							

ぱ행

ぱ [pa]	ぱ	ぱ							
	ぱ	ぱ							
ぴ [pi]	ぴ	ぴ							
	ぴ	ぴ							
ぷ [pu]	ぷ	ぷ							
	ぷ	ぷ							
ぺ [pe]	ぺ	ぺ							
	ぺ	ぺ							
ぽ [po]	ぽ	ぽ							
	ぽ	ぽ							

きゃ [kya]	きゃ	きゃ				
	きゃ	きゃ				
きゅ [kyu]	きゅ	きゅ				
	きゅ	きゅ				
きょ [kyo]	きょ	きょ				
	きょ	きょ				

しゃ [sha]	しゃ	しゃ				
	しゃ	しゃ				
しゅ [shu]	しゅ	しゅ				
	しゅ	しゅ				
しょ [sho]	しょ	しょ				
	しょ	しょ				

ちゃ [cha]	ちゃ	ちゃ				
	ちゃ	ちゃ				
ちゅ [chu]	ちゅ	ちゅ				
	ちゅ	ちゅ				
ちょ [cho]	ちょ	ちょ				
	ちょ	ちょ				

にゃ [nya]	にゃ	にゃ				
	にゃ	にゃ				
にゅ [nyu]	にゅ	にゅ				
	にゅ	にゅ				
にょ [nyo]	にょ	にょ				
	にょ	にょ				

ひゃ [hya]	ひゃ	ひゃ				
	ひゃ	ひゃ				
ひゅ [hyu]	ひゅ	ひゅ				
	ひょ	ひゅ				
ひょ [hyo]	ひょ	ひょ				
	ひょ	ひょ				

みゃ [mya]	みゃ	みゃ				
	みゃ	みゃ				
みゅ [myu]	みゅ	みゅ				
	みゅ	みゅ				
みょ [myo]	みょ	みょ				
	みょ	みょ				

りゃ [rya]	りゃ	りゃ				
	りゃ	りゃ				
りゅ [ryu]	りゅ	りゅ				
	りゅ	りゅ				
りょ [ryo]	りょ	りょ				
	りょ	りょ				

ぎゃ [gya]	ぎゃ	ぎゃ				
	ぎゃ	ぎゃ				
ぎゅ [gyu]	ぎゅ	ぎゅ				
	ぎゅ	ぎゅ				
ぎょ [gyo]	ぎょ	ぎょ				
	ぎょ	ぎょ				

じゃ [ja]	じゃ	じゃ				
	じゃ	じゃ				
じゅ [ju]	じゅ	じゅ				
	じゅ	じゅ				
じょ [jo]	じょ	じょ				
	じょ	じょ				

びゃ [bya]	びゃ	びゃ				
	びゃ	びゃ				
びゅ [byu]	びゅ	びゅ				
	びゅ	びゅ				
びょ [byo]	びょ	びょ				
	びょ	びょ				

ぴゃ [pya]	ぴゃ	ぴゃ				
	ぴゃ	ぴゃ				
ぴゅ [pyu]	ぴゅ	ぴゅ				
	ぴゅ	ぴゅ				
ぴょ [pyo]	ぴょ	ぴょ				
	ぴょ	ぴょ				

ア행

글자	발음	쓰기	
ア	[a]	ア	ア
		ア	ア
イ	[i]	イ	イ
		イ	イ
ウ	[u]	ウ	ウ
		ウ	ウ
エ	[e]	エ	エ
		エ	エ
オ	[o]	オ	オ
		オ	オ

• ア와 マ가 모양이 비슷하므로 쓸 때 주의한다.

カ행

カ [ka]	カ	カ							
	カ	カ							
キ [ki]	キ	キ							
	キ	キ							
ク [ku]	ク	ク							
	ク	ク							
ケ [ke]	ケ	ケ							
	ケ	ケ							
コ [ko]	コ	コ							
	コ	コ							

- コ와 ユ가 모양이 비슷하므로 쓸 때 주의한다.

サ행

サ [sa]	サ	サ							
	サ	サ							
シ [si]	シ	シ							
	シ	シ							
ス [su]	ス	ス							
	ス	ス							
セ [se]	セ	セ							
	セ	セ							
ソ [so]	ソ	ソ							
	ソ	ソ							

- シ와 ツ가 모양이 비슷하므로 쓸 때 주의한다.
- ソ와 ン이 모양이 비슷하므로 쓸 때 주의한다.

タ행

タ [ta]	タ	タ
	タ	タ
チ [chi]	チ	チ
	チ	チ
ツ [tsu]	ツ	ツ
	ツ	ツ
テ [te]	テ	テ
	テ	テ
ト [to]	ト	ト
	ト	ト

- チ와 テ가 모양이 비슷하므로 쓸 때 주의한다.
- ツ와 シ가 모양이 비슷하므로 쓸 때 주의한다.

ナ행

글자	발음	따라 쓰기	
ナ	[na]	ナ	ナ
		ナ	ナ
ニ	[ni]	ニ	ニ
		ニ	ニ
ヌ	[nu]	ヌ	ヌ
		ヌ	ヌ
ネ	[ne]	ネ	ネ
		ネ	ネ
ノ	[no]	ノ	ノ
		ノ	ノ

- ヌ와 ス가 모양이 비슷하므로 쓸 때 주의한다.

ハ행

ハ [ha]	ハ	ハ							
	ハ	ハ							
ヒ [hi]	ヒ	ヒ							
	ヒ	ヒ							
フ [hu]	フ	フ							
	フ	フ							
ヘ [he]	ヘ	ヘ							
	ヘ	ヘ							
ホ [ho]	ホ	ホ							
	ホ	ホ							

マ행

マ [ma]	マ	マ
	マ	マ
ミ [mi]	ミ	ミ
	ミ	ミ
ム [mu]	ム	ム
	ム	ム
メ [me]	メ	メ
	メ	メ
モ [mo]	モ	モ
	モ	モ

- マ와 ア가 모양이 비슷하므로 쓸 때 주의한다.
- ミ는 왼쪽에서 오른쪽으로 비스듬히 내려오게 쓰며 彡처럼 거꾸로 쓰지 않도록 한다.

ヤ행

ヤ [ya]	ヤ	ヤ							
	ヤ	ヤ							
ユ [yu]	ユ	ユ							
	ユ	ユ							
ヨ [yo]	ヨ	ヨ							
	ヨ	ヨ							

- ヤ에는 や처럼 점을 찍지 않도록 주의한다.
- ユ와 コ가 모양이 비슷하므로 쓸 때 주의한다.
- ヨ를 E처럼 거꾸로 쓰지 않도록 한다.

ラ행

ラ [ra]	ラ	ラ							
	ラ	ラ							
リ [ri]	リ	リ							
	リ	リ							
ル [ru]	ル	ル							
	ル	ル							
レ [re]	レ	レ							
	レ	レ							
ロ [ro]	ロ	ロ							
	ロ	ロ							

• レ를 し처럼 쓰지 않도록 한다.

ワ행

ワ [wa]

ヲ [o]

ン [n]

- ワ와 ウ가 모양이 비슷하므로 쓸 때 주의한다.
- ン와 ソ가 모양이 비슷하므로 쓸 때 주의한다.

ガ [ga]	ガ	ガ							
	ガ	ガ							
ギ [gi]	ギ	ギ							
	ギ	ギ							
グ [gu]	グ	グ							
	グ	グ							
ゲ [ge]	ゲ	ゲ							
	ゲ	ゲ							
ゴ [go]	ゴ	ゴ							
	ゴ	ゴ							

ザ [za]	ザ	ザ							
	ザ	ザ							
ジ [ji]	ジ	ジ							
	ジ	ジ							
ズ [zu]	ズ	ズ							
	ズ	ズ							
ゼ [ze]	ゼ	ゼ							
	ゼ	ゼ							
ゾ [zo]	ゾ	ゾ							
	ゾ	ゾ							

ダ [da]	ダ	ダ							
	ダ	ダ							
ヂ [ji]	ヂ	ヂ							
	ヂ	ヂ							
ヅ [zu]	ヅ	ヅ							
	ヅ	ヅ							
デ [de]	デ	デ							
	デ	デ							
ド [do]	ド	ド							
	ド	ド							

バ [ba]	バ	バ							
	バ	バ							
ビ [bi]	ビ	ビ							
	ビ	ビ							
ブ [bu]	ブ	ブ							
	ブ	ブ							
ベ [be]	ベ	ベ							
	ベ	ベ							
ボ [bo]	ボ	ボ							
	ボ	ボ							

パ [pa]	パ	パ							
	パ	パ							
ピ [pi]	ピ	ピ							
	ピ	ピ							
プ [pu]	プ	プ							
	プ	プ							
ペ [pe]	ペ	ペ							
	ペ	ペ							
ポ [po]	ポ	ポ							
	ポ	ポ							

キャ [kya]	キャ	キャ				
	キャ	キャ				
キュ [kyu]	キュ	キュ				
	キュ	キュ				
キョ [kyo]	キョ	キョ				
	キョ	キョ				

シャ [sha]	シャ	シャ				
	シャ	シャ				
シュ [shu]	シュ	シュ				
	シュ	シュ				
ショ [sho]	ショ	ショ				
	ショ	ショ				

チャ [cha]	チャ	チャ				
	チャ	チャ				
チュ [chu]	チュ	チュ				
	チュ	チュ				
チョ [cho]	チョ	チョ				
	チョ	チョ				

ニャ [nya]	ニャ	ニャ				
	ニャ	ニャ				
ニュ [nyu]	ニュ	ニュ				
	ニュ	ニュ				
ニョ [nyo]	ニョ	ニョ				
	ニョ	ニョ				

ヒャ [hya]	ヒャ	ヒャ				
	ヒャ	ヒャ				
ヒュ [hyu]	ヒュ	ヒュ				
	ヒュ	ヒュ				
ヒョ [hyo]	ヒョ	ヒョ				
	ヒョ	ヒョ				

ミャ [mya]	ミャ	ミャ				
	ミャ	ミャ				
ミュ [myu]	ミュ	ミュ				
	ミュ	ミュ				
ミョ [myo]	ミョ	ミョ				
	ミョ	ミョ				

リャ [rya]	リャ	リャ				
	リャ	リャ				
リュ [ryu]	リュ	リュ				
	リュ	リュ				
リョ [ryo]	リョ	リョ				
	リョ	リョ				

ギャ [gya]	ギャ	ギャ				
	ギャ	ギャ				
ギュ [gyu]	ギュ	ギュ				
	ギュ	ギュ				
ギョ [gyo]	ギョ	ギョ				
	ギョ	ギョ				

ジャ [ja]	ジャ	ジャ				
	ジャ	ジャ				
ジュ [ju]	ジュ	ジュ				
	ジュ	ジュ				
ジョ [jo]	ジョ	ジョ				
	ジョ	ジョ				

ビャ [bya]	ビャ	ビャ				
	ビャ	ビャ				
ビュ [byu]	ビュ	ビュ				
	ビュ	ビュ				
ビョ [byo]	ビョ	ビョ				
	ビョ	ビョ				

ピャ [pya]	ピャ	ピャ				
	ピャ	ピャ				
ピュ [pyu]	ピュ	ピュ				
	ピュ	ピュ				
ピョ [pyo]	ピョ	ピョ				
	ピョ	ピョ				